Seja Espartano

Força, Disciplina e
Excelência. O Caminho
Espartano para uma Vida
Plena

Paulo Ehms

MMXXIII

Para solicitações de permissão e feedback entre em contato :

pauloehms@hotmail.com

Conteúdo

Introdução

Na vastidão do tempo, há civilizações que deixaram uma marca indelével na história, e entre elas, uma ressoa como um eco guerreiro do passado: Esparta. Uma cidade-Estado que ergueu-se em meio ao fervor das batalhas e cultivou um ethos inabalável, tornando-se sinônimo de força, disciplina e resiliência. O espartanismo é um legado que transcende eras, ecoando através dos séculos para nos desafiar a olhar para trás, buscando inspiração para moldar um futuro mais robusto.

Ao contemplarmos os valores fundamentais que definiam os espartanos, somos levados a uma jornada através da virtude da disciplina. Em um mundo onde as distrações se multiplicam e as exigências da modernidade parecem incessantes, a disciplina espartana emerge como um farol, oferecendo orientação para aqueles que buscam forjar um caminho de propósito e significado. Olhar para trás, para o crisol de Esparta, é abraçar a lição atemporal de que a disciplina não é uma restrição, mas sim a base sólida sobre a qual erguemos nossas maiores conquistas.

A mentalidade espartana, tão fortemente ligada à disciplina, revela-se como uma força propulsora na busca da excelência. É o cultivo de uma mente resiliente que se recusa a fraquejar diante dos desafios. Como os espartanos que enfrentavam os horrores da guerra com uma determinação inabalável, somos desafiados a abraçar a adversidade como um impulso para o crescimento pessoal. Ao olhar para trás, absorvemos a sabedoria da resistência espartana, transformando os obstáculos em degraus para alcançar novos patamares.

Contudo, a reflexão sobre Esparta transcende a mera nostalgia histórica. É uma chamada para a ação no presente, uma inspiração para enfrentar o futuro com uma resoluta determinação espartana. Ao internalizarmos os princípios de força e dedicação que caracterizam os espartanos, equipamo-nos para encarar as incertezas do amanhã com coragem. A visão para trás, para as áridas terras de Esparta, torna-se um espelho que reflete nossa própria jornada de autotransformação.

No cerne do espartanismo está a ideia de que somos moldados pela maneira como enfrentamos as provações. Assim como os espartanos eram forjados na fornalha das batalhas, nossa jornada é moldada pelas escolhas que fazemos em meio às lutas diárias. Olhar para trás é não apenas contemplar a grandiosidade de uma civilização antiga, mas é, primordialmente, uma busca por autenticidade e significado em um mundo que muitas vezes nos desafia a perdermos nossa essência.

Portanto, convido-o a embarcar nesta jornada, olhando para trás com olhos perspicazes para aprender e aplicar. Que cada página desta exploração ao passado ecoe como um chamado para nos tornarmos mais fortes, mais resilientes e mais dedicados. Pois, ao abraçarmos o espartanismo, não apenas honramos o legado da antiguidade, mas também damos os primeiros passos de nossa própria epopeia, criando um futuro imbuído da indestrutível essência espartana.

Capítulo 1

Introdução ao Espartanismo

Breve História de Esparta e Sua Reputação de Sociedade Guerreira

Ao virarmos as páginas amareladas da história, encontramos Esparta como uma cidade-Estado grega, berço de uma civilização única que floresceu entre os séculos X e IV a.C. Situada no vale fértil do Eurotas, Esparta emergiu como um enclave militar cujas fundações eram permeadas pelo ardor da guerra. A história de Esparta é um épico de resiliência, cujas raízes remontam ao mito, sendo fundada, segundo a lenda, por Leleges, descendentes de Héracles.

Contudo, foi no século IX a.C., durante a conquista dórica, que Esparta começou a esculpir sua identidade singular. Sob a liderança de Licurgo, um legislador lendário, Esparta adotou um conjunto de leis conhecido como "As Leis de Esparta" ou "As Instituições de Licurgo". Este código delineava as estruturas políticas e sociais e consagrava a ênfase na formação militar como o pilar central da sociedade espartana.

A infância espartana era marcada pela Agoge, um sistema de educação rigoroso e austero que tinha como objetivo forjar guerreiros insuperáveis desde a mais tenra idade. Os jovens espartanos eram submetidos a um treinamento físico exaustivo, aprendiam habilidades militares e eram instilados com valores como coragem, lealdade e disciplina. Essa abordagem única de criação gerou uma sociedade guiada pelo código de honra e dever para com o Estado, onde cada cidadão era um soldado e cada soldado um defensor intrépido de Esparta.

A reputação de Esparta como uma sociedade guerreira se solidificou através da história, pelas proezas de seus soldados em batalha. Os espartanos tornaram-se sinônimo de ferocidade no campo de guerra, notáveis por sua habilidade tática e bravura indomável. O momento culminante dessa reputação foi a Batalha das Termópilas, em 480 a.C., onde um pequeno contingente espartano liderado pelo rei Leônidas resistiu bravamente às forças persas, personificando a resolução e o sacrifício em nome da pátria.

Essa história de Esparta como uma sociedade guerreira, intrinsecamente conectada à sua filosofia de vida, cria a tapeçaria na qual se inscreve o espartanismo. A herança de uma cidade que moldou sua existência no crisol da guerra nos convida a refletir sobre a relação íntima entre a força da sociedade e o caráter de seus cidadãos. É este contexto histórico que nos prepara para explorar os princípios fundamentais do espartanismo, onde a disciplina, a dedicação e a coragem floresceram como as colunas de uma sociedade única e incomparável.

Os Princípios Fundamentais do Espírito Espartano

Ao mergulhar nas águas da história e desvendar os registros que narram a saga de Esparta, nos deparamos com uma sociedade guerreira e mais profundamente, com os fundamentos intrincados do espírito espartano. Estes princípios, forjados na fornalha da disciplina e temperados na batalha, tecem a essência da singularidade espartana, destacando-se e iluminando os caminhos da existência em tempos de guerra e paz.

O epicentro do espírito espartano reside na disciplina. Uma disciplina que permeava todos os aspectos da vida, desde a infância até a idade adulta, moldando a mente e o corpo dos espartanos em uma harmonia de propósito. A Agoge, sistema educacional espartano, era a alavanca que iniciava esse processo. Jovens espartanos eram submetidos a um regime rigoroso de treinamento físico, intelectual e moral, onde a obediência, a ordem e o respeito à autoridade eram inculcados como pilares fundamentais.

A disciplina espartana não era uma restrição arbitrária, mas sim um caminho para a liberdade e a autodeterminação. Os espartanos acreditavam que ao dominar o próprio eu, tornavam-se invulneráveis aos caprichos do destino. Cada ação, cada decisão, era impregnada dessa disciplina, transformando a vida cotidiana em uma incessante busca pela excelência.

Entrelaçado à disciplina, estava o conceito de "Eu Sou o Estado" — uma máxima que encapsula a dedicação inabalável dos espartanos ao bem coletivo. A lealdade à pátria transcendia o ego individual, criando uma coesão social que resistia às tentações da divisão interna. O espartano não era somente um soldado, mas também um guardião dedicado de uma ordem maior, onde o Estado e o indivíduo eram indissociáveis.

A coragem, erguida como uma divindade venerada, era outra peça-chave no tabuleiro do espírito espartano. A bravura no campo de batalha, a coragem de enfrentar as adversidades com a cabeça erguida e a coragem de defender os ideais espartanos em face da tentação e da corrupção. Essa coragem transcendia o medo físico; era a bravura moral que forjava a integridade do espartano.

A moderação, ou "Spartiate", era um princípio vital que permeava a vida espartana. A busca pelo equilíbrio em todas as coisas, desde a comida até o discurso, destacava a sobriedade como uma virtude essencial. A moderação não era uma fraqueza, mas sim a sabedoria de reconhecer os excessos como sementes do declínio.

A busca pela excelência física também era incutida nos espartanos, não como um ideal estético, mas como uma expressão tangível do compromisso com a força e a vitalidade. O corpo, assim como a mente, era considerado um templo que deveria ser mantido em ótimo estado sempre pronto para servir ao seu destino.

A solidariedade e a camaradagem completavam a grandeza do espírito espartano. Os laços entre os espartanos eram mais do que meramente sociais; eram vínculos de confiança e dependência mútua. Na batalha, a confiança no companheiro de armas era uma extenção da confiança nas próprias habilidades.

A justiça espartana, embora muitas vezes moldada por um código aparentemente rígido, refletia uma busca constante pela harmonia social. Não era uma justiça de punição cega, mas sim uma justiça que visava restaurar o equilíbrio e manter a ordem na sociedade.

A honra, vista como a maior das riquezas, era conquistada através de ações e não de palavras vazias. A reputação de um espartano era um tesouro que se acumulava ao longo da vida, derivada de um compromisso intransigente com os princípios espartanos.

Ao transitar pelos bastidores do espírito espartano, não podemos ignorar o conceito de "agon" — a competição como uma expressão da busca pela excelência. Os espartanos buscavam sempre vencer e ao vencer, fazê-lo com graça e integridade, honrando os deuses e o Estado.

O espírito espartano não se limitava à guerra; era uma filosofia de vida que se estendia aos aspectos mais sutis e intrincados da existência. A contemplação desses princípios fundamentais nos instiga a questionar como guerreiros e como indivíduos comprometidos com um código de ética que transcende as barreiras do tempo.

Ao contemplarmos o espírito espartano, somos desafiados a incorporar esses princípios em nossas próprias vidas. A disciplina, a dedicação ao bem coletivo, a coragem moral, a moderação, a busca pela excelência, a solidariedade, a justiça, a honra e o respeito pela competição saudável são pilares que, quando entrelaçados, refletem a grandeza multifacetada do espírito espartano.

Neste compêndio, nossa busca não é apenas entender esses princípios, mas internalizá-los, aplicá-los e moldar nossas vidas à luz da sabedoria ancestral que emana das terras áridas de Esparta. À medida que avançamos nessa jornada, que a chama do espírito espartano nos guie, iluminando nosso caminho com a força, a dedicação e a resiliência que fizeram dos espartanos uma força inesquecível da história humana.

Capítulo 2

A Mentalidade Espartana

Desenvolvimento da Mentalidade Forte e Disciplinada

Ao trilharmos os caminhos intrincados do espírito espartano, nos deparamos com a espinha dorsal de sua filosofia: a mentalidade forte e disciplinada. Este é o epicentro a partir do qual irradia a resiliência espartana, uma qualidade que definiu a sociedade guerreira e inspirou legiões ao longo dos séculos. O desenvolvimento dessa mentalidade não foi um mero acaso, mas uma jornada meticulosamente planejada desde a mais tenra infância.

A semente da disciplina era plantada nos corações jovens desde o momento em que um espartano ingressava na Agoge. Este sistema educacional único era mais do que uma escola; era um campo de treinamento para a alma, onde a obediência e a ordem eram os pilares que sustentavam o edifício da futura mentalidade espartana. O jovem espartano, conhecido como "parthenos", era imerso em um ambiente onde a disciplina era uma imposição externa, e acima de tudo um princípio interiorizado, parte intrínseca de sua identidade.

O treinamento físico, uma pedra angular da Agoge, moldava corpos robustos e cultivava uma mente resiliente. A dor do esforço físico, a exaustão controlada, eram instrumentos de forja que transformavam a fraqueza em força, preparando os espartanos para os desafios que a vida lhes reservava. O desenvolvimento da mentalidade forte estava entrelaçado com a ideia de que a resistência à adversidade era desejável e essencial para o florescimento do caráter.

A educação espartana não se baseava somente em exercício físico; era um processo de incutir valores morais e éticos que serviriam como bússola moral ao longo da vida. A disciplina não era meramente um conceito abstrato; era o que conduzia e distinguia os espartanos, mesmo em meio às tentações e aos desafios que a vida apresentava. A obediência aos mais velhos, a reverência pelos costumes e tradições, eram manifestações tangíveis da disciplina que permeava o tecido social espartano.

A ascensão à idade adulta, marcada por rituais como o "Krypteia", não era apenas uma transição física, mas um teste de resistência mental. Os jovens espartanos, agora conhecidos como "hoplitas", eram lançados em uma sociedade que exigia não apenas força física, mas também discernimento e autocontrole. A mentalidade forte espartana não era uma muralha intransponível, mas sim uma ponte que conectava o vigor da juventude com a sabedoria da maturidade.

A disciplina não era um fim em si mesma, mas sim um meio para um fim maior: a busca pela excelência. Os espartanos compreendiam que a disciplina não era um fardo a ser suportado, mas sim um caminho para atingir o potencial máximo. A mente disciplinada era aquela que não se curvava diante dos caprichos do momento, mas sim que se mantinha firme diante da tempestade, guiada pela bússola da excelência.

O desenvolvimento da mentalidade forte e disciplinada não era um processo estático; era uma jornada contínua de autotransformação. Os espartanos reconheciam que a disciplina não era uma conquista, mas sim uma busca incessante pela autorrevelação. Cada dia era uma oportunidade de aprimorar não apenas o corpo, mas também a mente, de polir não apenas a armadura, mas também o caráter.

A resiliência espartana não era apenas uma resposta à adversidade; era uma atitude perante a vida. A disciplina não era uma camisa de força que restringia a liberdade; era um cinto de segurança que permitia a ousadia nas alturas. O desenvolvimento da mentalidade forte e disciplinada era, portanto, uma ode à liberdade interna, uma celebração da força que brota da autodisciplina.

Nessa exploração da forja espartana da mentalidade, somos instigados a refletir sobre nossas próprias jornadas de autodescoberta. Como moldamos nossas mentes? Como enfrentamos a adversidade? A disciplina é um guia ou uma restrição em nossas vidas? A resposta reside não apenas nas palavras, mas nas ações diárias, na busca incessante pela autenticidade, na construção de uma mentalidade forte que se ergue como um farol de resiliência em meio às tempestades da vida. Assim como os espartanos encontraram na disciplina a chave para a excelência, somos desafiados a trilhar esse caminho, desenvolvendo uma mentalidade que enfrenta os desafios e os transcende, criando lendas de força e disciplina que perduram através do tempo.

Enfrentando Desafios com Resiliência

Na tessitura da mentalidade espartana, a resiliência emerge como um fio dourado que entrelaça a trama da força interior. Os espartanos além de guerreiros habilidosos no campo de batalha; eram mestres na arte de enfrentar desafios com uma resolução inabalável. A resiliência, para os espartanos, era mais que uma resposta à adversidade; era um estado de espírito, uma filosofia de vida que impregnava cada fibra de seu ser.

Os alicerces da resiliência espartana eram estabelecidos desde os primeiros anos na Agoge. O treinamento rigoroso, os exercícios exaustivos, as privações controladas, todos eram forjas que temperavam não apenas os corpos, mas também os espíritos dos jovens espartanos. Aprender a enfrentar o desconforto físico e a superar limites tornava-se uma segunda natureza, uma preparação mental para os desafios que aguardavam além dos muros da academia.

A Agoge ensinava a resistir à fadiga física, mas sobretudo cultivava a resistência mental. Os espartanos aprendiam a arte de manter a calma sob pressão, a perseverar diante das adversidades e a encontrar força nas horas mais sombrias. Essa resiliência não era um escudo para se proteger dos embates do destino e também uma lança afiada que impelia os espartanos a avançar corajosamente mesmo quando os ventos da adversidade sopravam mais forte.

O ethos espartano exigia que a resiliência fosse uma aliada constante, não apenas em tempos de guerra, mas em todos os aspectos da vida. A mentalidade de nunca se render, de persistir diante dos obstáculos, permeava as interações cotidianas e moldava as decisões, transformando os desafios em oportunidades de crescimento. Os espartanos não viam a adversidade como um obstáculo intransponível, mas como uma trilha árdua que moldava o caráter.

A resiliência espartana mais do que uma qualidade individual; era uma força coletiva que sustentava a sociedade. A solidariedade entre os espartanos era fortalecida nos momentos de crise. Quando um espartano enfrentava dificuldades, não estava só. A comunidade espartana, forjada na disciplina e na camaradagem, erguia-se como um muro intransponível contra as tormentas da vida. A resiliência coletiva amplificava a força individual, criando um escudo impenetrável contra as investidas do destino.

A batalha das Termópilas tornou-se a epítome da resiliência espartana. Diante de uma força esmagadora dos persas, os espartanos e seus aliados resistiram bravamente, enfrentando a morte iminente com uma coragem indomável. A resistência em Termópilas foi uma expressão coletiva da resiliência espartana, uma demonstração de que mesmo em face da derrota aparente, a vontade inquebrantável poderia prevalecer.

A resiliência espartana transcendeu os campos de batalha e infiltrou-se nos aspectos mais sutis da existência. Nos negócios, na política, nas relações interpessoais, os espartanos eram conhecidos por enfrentar desafios com uma resiliência que beirava a inquebrantabilidade. Cada revés era uma oportunidade para se erguer mais forte, cada derrota uma lição para aprimorar a arte da resiliência.

O desenvolvimento da resiliência espartana não era um processo isolado, mas sim uma jornada constante de autotransformação. Os espartanos entendiam que a resiliência era a habilidade de se recuperar e também a capacidade de se adaptar e crescer através das experiências. O sofrimento não era visto como uma maldição, mas como um mestre severo que esculpia a alma e lapidava o caráter.

O legado da resiliência espartana ecoa através dos séculos, desafiando-nos a enfrentar nossos próprios desafios com uma mentalidade infundida de força interior. Como os espartanos, somos chamados a abraçar a adversidade não como um flagelo, mas como uma oportunidade para revelar a resiliência que jaz latente em nossos próprios espíritos. Ao explorarmos este tópico, somos convidados a contemplar como enfrentamos a tempestade, como dançamos sob suas gotas, transformando os desafios em oportunidades de crescimento, coragem e, acima de tudo, resiliência duradoura.

Aceitando a Responsabilidade Pessoal

Dentro da intricada mentalidade espartana, a aceitação da responsabilidade pessoal se destaca como uma fagulha que incendeia a jornada de autotransformação. Para os espartanos, a responsabilidade não era um fardo a ser suportado, mas sim um manto de honra a ser vestido com dignidade. Era uma convicção de que cada ação, cada escolha, carregava consigo o peso de consequências que moldavam o indivíduo e a comunidade.

A Agoge, o sistema educacional espartano moldava corpos e mentes, inculcando a ideia de que cada espartano era responsável pelo seu próprio destino. Desde a mais tenra idade, os jovens eram ensinados que suas escolhas refletiam em sua reputação pessoal e reverberavam nas fundações da sociedade espartana como um todo. Essa mentalidade de responsabilidade pessoal estava entrelaçada com a noção de que, ao aceitar plenamente as consequências de suas ações, os espartanos estavam trilhando o caminho para a verdadeira liberdade.

A responsabilidade pessoal estendia-se a todos os aspectos da vida espartana, desde as atividades cotidianas até as decisões cruciais no campo de batalha. Os espartanos não viam a responsabilidade como uma carga imposta por outros, mas como uma dádiva que lhes conferia o poder de moldar seus próprios destinos. A aceitação da responsabilidade era a antítese da vitimização; era o reconhecimento de que, mesmo diante das circunstâncias mais adversas, o controle sobre a própria vida residia internamente.

A ideia de responsabilidade pessoal era intrinsecamente ligada à honra espartana. Os espartanos acreditavam que, ao aceitar a responsabilidade por suas ações, estavam preservando sua integridade pessoal e honrando os princípios que sustentavam a sociedade espartana. A honra não era apenas um conceito abstrato; era uma joia preciosa forjada na fornalha da responsabilidade pessoal.

A educação espartana buscava criar guerreiros habilidosos e cidadãos responsáveis. A disciplina e a responsabilidade estavam entrelaçadas, criando uma sinfonia que ressoava nos corações e mentes dos espartanos. O sentido de dever para com o Estado era mais do que uma formalidade; era uma expressão tangível da responsabilidade pessoal que cada espartano carregava como um estandarte.

A aceitação da responsabilidade pessoal era particularmente evidente na forma como os espartanos encaravam o sucesso e o fracasso. Nas vitórias, atribuíam o mérito ao esforço coletivo, reconhecendo que cada indivíduo desempenhava um papel vital. Nos reveses, por outro lado, não procuravam bodes expiatórios externos, mas sim examinavam internamente, buscando maneiras de aprender e crescer com as experiências.

A responsabilidade pessoal também se estendia à autorregulação. Os espartanos reconheciam que a autodisciplina era uma forma de assumir o leme de suas próprias vidas. A moderação, uma virtude prezada, não era imposta por leis externas, mas era um reflexo da responsabilidade pessoal de cada espartano em equilibrar suas ações para o bem da comunidade.

A sociedade espartana era permeada por uma cultura de prestação de contas. A assembleia espartana, conhecida como "Eforato", além de um órgão de governo era uma instituição que cobrava responsabilidades. Os líderes espartanos eram submetidos a um escrutínio constante, reforçando a ideia de que a responsabilidade pessoal transcendia as fileiras dos cidadãos comuns.

A responsabilidade pessoal também era visível na forma como os espartanos educavam as gerações futuras. Os mais velhos assumiam a responsabilidade de orientar e instruir os jovens, transmitindo não apenas conhecimento prático, mas também os valores fundamentais que sustentavam a sociedade. Era uma corrente contínua de responsabilidade, onde cada elo na cadeia geracional se via como guardião do legado espartano.

A mentalidade de responsabilidade pessoal tinha implicações profundas na forma como os espartanos encaravam a liberdade. Para eles, a verdadeira liberdade não era a ausência de restrições externas, mas a liberdade de agir de acordo com seus próprios princípios, conscientes das consequências de suas escolhas. A responsabilidade pessoal, portanto, era a chave que destrancava a porta para essa liberdade interna.

Ao final deste tópico devemos refletir sobre como abraçamos a responsabilidade em nossas próprias vidas. A aceitação da responsabilidade pessoal não é apenas um conceito filosófico; é uma chamada à ação diária, uma decisão consciente de assumir o leme de nossa própria existência. A responsabilidade pessoal, na visão espartana, não é um fardo; é uma bússola que nos guia na jornada da autotransformação e na construção de uma sociedade onde cada indivíduo é um guardião zeloso de seu próprio destino.

Capítulo 3

Forja do Corpo Espartano

Treinamento Físico e Condicionamento

Ao adentrarmos o terceiro capítulo, somos convocados a desvendar os mistérios do treinamento físico e condicionamento que deram forma ao corpo espartano. Na história, a figura do guerreiro espartano é indissociável de sua proeza física e vigor incansável. A força dos espartanos não era resultado do acaso genético, mas sim uma conquista meticulosa moldada por um sistema de treinamento que se erguia como uma pedra angular da sociedade espartana.

A Agoge, a instituição educacional que era mais que uma escola, era o campo de treinamento onde os corpos jovens eram forjados, desde a infância, os espartanos eram imersos em um ambiente que celebrava a importância do corpo robusto tanto quanto a mente aguçada. O treinamento era uma disciplina essencial que permeava cada aspecto da vida espartana.

O treinamento começava cedo, com crianças espartanas sendo submetidas a exercícios que buscavam desenvolver a força física, a agilidade e a resistência. A corrida, a luta, o arremesso de lança e o salto eram habilidades fundamentais que compunham o repertório dos jovens espartanos. A educação física entrelaçada com os conhecimentos acadêmicos e a formação moral.

A Agoge não poupava esforços para desafiar os limites físicos dos espartanos. Os exercícios, muitas vezes realizados sob condições adversas, visavam fortalecer os corpos e cultivar a resistência mental. Correr descalço sobre terreno acidentado, carregar pesos por longas distâncias e enfrentar condições climáticas extremas eram parte integrante do treinamento espartano, uma preparação para os rigores imprevisíveis da vida e da guerra.

A luta, conhecida como "Pale", era uma parte essencial do treinamento espartano. Os espartanos aprendiam técnicas de combate desarmado que, além de desenvolver habilidades físicas, também fomentavam valores como a coragem, a destemor e o respeito pelo oponente. A luta era um meio de adquirir habilidades de autodefesa e uma maneira de reforçar a mentalidade de enfrentar desafios de frente, sem recuar.

O condicionamento físico espartano não se limitava ao treinamento regular. Os espartanos eram incentivados a participar de competições atléticas regulares, como os Jogos Olímpicos, como uma demonstração de habilidade e uma oportunidade de aprimorar sua força e resistência em contextos competitivos. A competição era vista como uma uma oportunidade de crescimento e aprendizado.

O equipamento militar, desde a lança até o elmo, era projetado de maneira a ser eficaz em combate, e a exigir um grau significativo de destreza física. O manuseio dessas armas era uma habilidade técnica e uma expressão física da conexão entre o guerreiro e suas ferramentas de guerra. O treinamento físico não se limitava ao corpo nu, mas se estendia ao corpo armado e preparado para a batalha.

A alimentação, uma parte crucial do condicionamento, era cuidadosamente regulamentada. Os espartanos eram orientados a evitar excessos e a manter uma dieta equilibrada que sustentasse o vigor necessário para enfrentar as demandas do treinamento. A moderação na comida era uma extensão da filosofia espartana de equilíbrio em todas as coisas, inclusive na nutrição.

O condicionamento físico dos espartanos uma preparação para o combate e um estilo de vida. O corpo espartano era uma obra-prima esculpida pela disciplina, pela dedicação e pelo compromisso com a excelência. Cada músculo, cada fibra, contava uma história de determinação e resiliência, uma narrativa escrita no tecido vivo de guerreiros que eram formidáveis em batalha e exemplos de vigor físico e disciplina.

O treinamento físico espartano não era estático; era adaptável e evolutivo. Os espartanos compreendiam a importância da constante busca pela superação. O corpo, assim como a mente, era uma obra em progresso, sempre pronto para ser aprimorado e refinado. O treinamento físico, portanto, não era somente uma fase inicial da vida espartana, mas sim uma jornada contínua de autotransformação.

Ao contemplarmos o treinamento físico e condicionamento dos espartanos, somos desafiados a questionar como cultivamos nossos próprios corpos e mentes. O corpo espartano além de uma máquina de guerra; era um templo que exigia cuidado e respeito. No exame deste tópico do terceiro capítulo, somos convidados a refletir sobre como integramos o treinamento físico como uma disciplina, para alcançar a verdadeira excelência física e mental, forjando uma jornada de autotransformação que transcende os limites do tempo.

Nutrição e Hábitos Saudáveis

Ao nos aprofundarmos nos rituais que moldavam o corpo espartano, a atenção se volta para a nutrição, um componente vital do condicionamento físico que transformava os espartanos em atletas formidáveis e guerreiros resistentes. O cuidado com a alimentação era uma disciplina meticulosa que sustentava o corpo e o espírito dos guerreiros espartanos.

Os espartanos, ao contrário de muitas outras sociedades antigas, reconheciam a importância da moderação na alimentação. O consumo excessivo era desencorajado, pois acreditavam que o equilíbrio na nutrição era fundamental para manter um corpo saudável e ágil. O foco não estava apenas na quantidade, mas na qualidade dos alimentos consumidos.

A dieta espartana era composta principalmente por alimentos simples e naturais. Grãos, frutas, legumes, carne magra e produtos lácteos eram a base da alimentação espartana. A simplicidade da dieta não era uma limitação, mas sim uma escolha consciente de evitar os excessos e preservar a pureza dos alimentos. Os espartanos entendiam que a nutrição era uma ferramenta para otimizar o desempenho físico e mental.

A disciplina espartana estendia-se à mesa. A etiqueta durante as refeições era estritamente observada, refletindo os valores de moderação e respeito pela comida. O ato de se alimentar era uma satisfação das necessidades básicas e também um ritual sagrado que fortalecia os laços sociais e promovia a camaradagem entre os espartanos.

O treinamento físico intenso exigia uma atenção especial à reposição de nutrientes. Os espartanos compreendiam a importância de equilibrar a ingestão de proteínas, carboidratos e gorduras para sustentar o corpo durante os exercícios vigorosos. As refeições eram planejadas de maneira a fornecer a energia necessária para o treinamento sem sobrecarregar o sistema digestivo.

A hidratação era uma prioridade para os espartanos, especialmente durante o treinamento sob o sol escaldante. A água, muitas vezes misturada com mel ou vinho diluído, era uma fonte essencial de hidratação. Os espartanos compreendiam a importância de manter o equilíbrio eletrolítico para evitar a desidratação, uma consideração crucial para um estilo de vida marcado por atividades físicas intensas.

A educação alimentar não se limitava aos guerreiros espartanos, mas também se estendia às mulheres e crianças. As mães espartanas desempenhavam um papel crucial na transmissão dos valores nutricionais para as gerações futuras, garantindo que desde a infância, os espartanos estivessem conscientes da importância de hábitos saudáveis.

O respeito pela nutrição não se dissipava nos campos de batalha. Durante campanhas militares, os espartanos continuavam a aderir aos princípios nutricionais, adaptando suas dietas às exigências da vida militar. A disciplina alimentar não era abandonada nem mesmo nos momentos de guerra, destacando a importância atribuída à manutenção da saúde e vigor físico.

A nutrição espartana era uma extensão da filosofia de equilíbrio que permeava todos os aspectos da sociedade espartana. A busca pela excelência física não implicava apenas treinamento árduo, mas também a compreensão de que a nutrição desempenhava um papel central nessa jornada. A mente espartana era alimentada por alimentos que nutriam o corpo, a determinação e a resiliência.

Ao explorarmos estas informações, somos instigados a refletir sobre nossos próprios hábitos alimentares. A dieta espartana era uma expressão de valores que transcendem os limites do tempo. Neste exame da nutrição e hábitos saudáveis dos espartanos, somos desafiados a considerar como nossas escolhas alimentares não apenas afetam nossos corpos, mas também influenciam nossa força interior e resistência, forjando uma jornada de autotransformação que se estende para além dos nossos hábitos alimentares.

A Importância da Disciplina Física. Mens Sana in Corpore Sano.

Dentro do intricado mosaico da filosofia espartana, o terceiro tópico deste capítulo emerge como um pilar essencial: a importância da disciplina física, onde o adágio latino "Mens Sana in Corpore Sano" ecoa como um lembrete perene da interconexão entre a mente sã e o corpo são. A disciplina física era a essência que unia os elementos físicos e mentais na busca incessante pela excelência.

A expressão "Mens Sana in Corpore Sano", que traduzida significa "mente sã em corpo são", encapsula a compreensão profunda dos espartanos sobre a interdependência entre a saúde mental e física. Para eles, a disciplina física não era uma atividade isolada, mas um meio de alcançar um equilíbrio holístico que fortalecia o corpo e também a mente e a alma.

O treinamento físico espartano além de músculos e resistência; era um caminho para a autorregulação emocional e mental. Os espartanos acreditavam que um corpo forte era a fundação para uma mente clara e focada. O treinamento disciplinado aprimorava a força física e cultivava a resiliência mental, ensinando os espartanos a enfrentar desafios com calma e determinação.

A disciplina física começava nas fileiras da Agoge, onde os jovens espartanos eram imersos em um ambiente rigoroso que exigia obediência, ordem e autodisciplina. Cada exercício, cada tarefa física, era uma oportunidade para internalizar os princípios de responsabilidade, perseverança e autocontrole. A disciplina era uma chave que abria as portas para a liberdade interior.

A prática da disciplina física estendia-se além dos campos de treinamento. Na vida cotidiana, os espartanos eram chamados a manter a disciplina em suas ações, na maneira como interagiam com os outros, na observância das tradições e costumes. A disciplina não era um conceito abstrato; era um código de conduta que permeava todas as facetas da existência espartana.

A disciplina física era também uma ferramenta para forjar o caráter moral dos espartanos. O treinamento constante, a superação de desafios físicos e a resistência às tentações fortaleciam a ética espartana. A autodisciplina era uma expressão tangível da virtude e da integridade que os espartanos prezavam.

A Agoge, com seu sistema educacional meticulosamente projetado moldava corpos atléticos e cultivava mentes disciplinadas. O respeito pelas autoridades, a obediência às leis, a reverência pelos mais velhos eram princípios que se entrelaçavam com os exercícios físicos, criando uma sinergia entre o desenvolvimento físico e moral.

A disciplina física era uma preparação para o presente e para o futuro. Os espartanos compreendiam que a resiliência construída através do treinamento físico seria uma bússola confiável nos momentos de adversidade ao longo da vida. Cada gota de suor, cada esforço investido no treinamento, era um investimento na força duradoura que transcenderia os limites do tempo.

A disciplina física também era uma ferramenta de socialização. O treinamento em grupo fortalecia os laços entre os espartanos e cultivava um senso de camaradagem e solidariedade. O suporte mútuo durante o treinamento físico criava uma rede de apoio que se estendia para além dos campos de treinamento, solidificando os alicerces da comunidade espartana.

A filosofia espartana reconhecia que a disciplina física não era uma meta em si mesma, mas sim um meio para atingir a excelência em todas as áreas da vida. A mente disciplinada guiava o corpo e influenciava as decisões, os valores e a ética dos espartanos. A disciplina física era, portanto, uma lente através da qual os espartanos enxergavam o mundo e moldavam suas vidas.

Ao fim deste tópic, somos desafiados a contemplar como integramos a disciplina física em nossas próprias jornadas. A disciplina não é uma restrição, mas sim uma ferramenta para liberar o potencial interior. Neste exame da importância da disciplina física, somos convidados a considerar como cada passo, cada exercício, molda não apenas nossos corpos, mas também nossas mentes e almas, forjando uma jornada de autotransformação que ressoa com os ecos atemporais da disciplina espartana.

Capítulo 4

Forjando Estratégias para o Sucesso

Adotando uma Abordagem Estratégica para os Objetivos

Adentrando o quarto capítulo, somos imersos na essência da abordagem espartana para alcançar objetivos, uma intrincada dança entre a visão clara e a execução meticulosa. A estratégia, para os espartanos, além de um conceito militar; era uma filosofia de vida que guiava cada passo, cada decisão, em direção ao sucesso desejado.

A abordagem estratégica espartana começava com uma clareza implacável em relação aos objetivos. Antes de entrar em qualquer empreendimento, os espartanos dedicavam tempo para definir com precisão o que buscavam alcançar. Seja na guerra, na política ou nas atividades cotidianas, a visão clara e definida era o ponto de partida para a formulação de estratégias.

O processo de definir objetivos era uma atividade coletiva. Os líderes espartanos buscavam sempre ouvir conselheiros e anciãos, promovendo discussões que iluminavam diferentes perspectivas. A diversidade de opiniões enriquecia a compreensão dos desafios e oportunidades, fundamentando a estratégia em uma visão ampla e fundamentada.

Uma vez que os objetivos eram estabelecidos, os espartanos se dedicavam à elaboração de estratégias meticulosas. A estratégia era uma abordagem dinâmica que se adaptava às circunstâncias mutáveis. Os espartanos entendiam que a flexibilidade estratégica era uma arma poderosa que podia ser empregada para superar obstáculos e explorar oportunidades inesperadas.

A comunicação clara era um fundamento da estratégia espartana. Antes de embarcar em qualquer empreendimento, os espartanos asseguravam que todos os envolvidos compreendessem os objetivos e os papéis individuais dentro da estratégia. A comunicação transparente criava uma sinergia coletiva, alinhando esforços em direção a um propósito comum.

O elemento da surpresa era cuidadosamente incorporado nas estratégias espartanas. Seja no campo de batalha ou em negociações políticas, os espartanos compreendiam a importância de manter seus oponentes fora de equilíbrio. Estratégias envolvendo movimentos inesperados, desvios táticos e ações surpresa eram implementadas para confundir e desorientar, garantindo uma vantagem estratégica.

A paciência era uma virtude intrínseca à abordagem estratégica espartana. Os espartanos entendiam que alcançar objetivos significativos exigia tempo e esforço contínuo. Estratégias eram delineadas com uma perspectiva de longo prazo, e os espartanos estavam dispostos a enfrentar desafios temporários em busca de recompensas duradouras.

A abordagem estratégica também incorporava uma avaliação constante do cenário. Os espartanos compreendiam que a adaptação era essencial para o sucesso contínuo. Estratégias eram reavaliadas e ajustadas à medida que novas informações emergiam ou as circunstâncias mudavam, mantendo a flexibilidade e a eficácia ao longo do tempo.

A disciplina, uma pedra angular da filosofia espartana, também permeava as estratégias. A execução disciplinada de cada passo era considerada crucial para o sucesso. Os espartanos acreditavam que a disciplina garantia a eficácia das estratégias e fortalecia a resiliência necessária para superar contratempos.

Os espartanos não viam a estratégia como um conjunto de regras rígidas, mas como um guia flexível que se adaptava à dinâmica da situação. A capacidade de improvisar e ajustar estratégias em tempo real era uma habilidade valorizada. A estratégia espartana era uma movimentação entre a planificação cuidadosa e a resposta ágil às mudanças no campo de batalha ou na arena política.

O treinamento militar, com sua ênfase na disciplina e coordenação, também desempenhava um papel vital na formação da mentalidade estratégica dos espartanos. A agoge, com seu foco em desenvolver líderes habilidosos e estrategistas astutos, era uma academia de formação para soldados, mas sobretudo para as mentes estratégicas que guiariam a sociedade espartana.

Ao refletirmos sobre como abordamos nossos próprios objetivos vemos que a estratégia espartana não era um privilégio exclusivo dos guerreiros; era uma mentalidade que permeava todas as esferas da vida. Neste exame da abordagem estratégica para os objetivos, devemos considerar como podemos incorporar a clareza de visão, a flexibilidade tática e a disciplina na busca de nossas próprias metas, forjando um caminho que se alinha com os princípios atemporais da estratégia espartana.

Vencendo Batalhas Cotidianas

Dentro da filosofia espartana, a noção de vencer batalhas cotidianas transcende a arena militar e se insere profundamente na tessitura da vida diária. Os espartanos compreendiam que a verdadeira grandeza não era algo ligado somente a vitórias espetaculares no campo de batalha, mas também nas conquistas cotidianas, nas pequenas batalhas travadas na rotina diária.

A abordagem espartana para vencer batalhas cotidianas começava com a mentalidade de que cada ação, por menor que fosse, era significativa. Os espartanos acreditavam na acumulação de vitórias pequenas como um caminho para alcançar triunfos maiores. Cada tarefa cumprida, cada desafio superado, contribuía para a construção de uma fortaleza de realizações que sustentava a confiança e a resiliência.

A disciplina, mais uma vez, emergia como uma ferramenta fundamental para vencer batalhas cotidianas. Os espartanos entendiam que a consistência nas ações diárias, mesmo nas mais simples, era crucial para forjar o caráter e alcançar objetivos a longo prazo. A rotina diária era cuidadosamente planejada e executada com precisão militar, garantindo que cada elemento contribuísse para a vitória final.

A definição clara de prioridades era um elemento crucial na estratégia espartana para vencer batalhas cotidianas. Os espartanos avaliavam constantemente as demandas de suas vidas e atribuíam prioridades com base nos objetivos mais amplos. Essa abordagem estratégica garantia que a energia fosse direcionada para as áreas mais cruciais, maximizando a eficácia e minimizando o desperdício de recursos.

A gestão do tempo era uma habilidade essencial na arte de vencer batalhas cotidianas. Os espartanos entendiam que o tempo era um recurso precioso e finito, e, portanto, cada momento deveria ser aproveitado ao máximo. Horários disciplinados e uma abordagem metódica para as tarefas diárias eram adotados para evitar desperdícios e assegurar que cada minuto contribuísse para o avanço em direção aos objetivos.

A resistência mental desempenhava um papel crucial nas estratégias espartanas para vencer batalhas cotidianas. Os espartanos cultivavam a habilidade de enfrentar adversidades com calma e determinação. A mentalidade de aceitar desafios como oportunidades para crescimento e aprendizado garantia que mesmo as derrotas temporárias fossem transformadas em degraus para o sucesso futuro.

A resolução de conflitos, tanto internos quanto externos, fazia parte integrante da abordagem espartana para vencer batalhas cotidianas. Os espartanos compreendiam que a habilidade de negociar, resolver disputas e manter relações harmoniosas era essencial para a estabilidade pessoal e para a coesão da comunidade espartana.

A celebração de pequenas vitórias era uma prática incentivada pelos espartanos. Reconheciam que a conquista de objetivos menores, quando celebrada, fortalecia a motivação e cultivava um ambiente positivo. A vitória em batalhas cotidianas não era um ato solitário, mas sim uma celebração coletiva que reforçava os laços comunitários.

A paciência desempenhava um papel vital na estratégia espartana para vencer batalhas cotidianas. Os espartanos compreendiam que o sucesso duradouro muitas vezes exigia a resistência e a perseverança ao longo do tempo. A capacidade de manter o foco nos objetivos finais, mesmo diante de desafios temporários, era uma qualidade que os espartanos cultivavam com diligência.

O apoio mútuo e a colaboração eram aspectos fundamentais da abordagem espartana para vencer batalhas cotidianas. Os espartanos entendiam que a força da comunidade era um recurso inestimável. Em tempos de desafio, a união e a cooperação garantiam que os espartanos pudessem enfrentar adversidades coletivamente, fortalecendo a resiliência de todos.

A abordagem espartana para vencer batalhas cotidianas não era apenas sobre a vitória individual; era uma expressão da coletividade espartana. Cada pequena conquista contribuía para o bem-estar da comunidade, criando um ambiente de prosperidade compartilhada. A visão espartana entendia que o sucesso individual estava intrinsecamente ligado ao sucesso coletivo.

Diante do exposto somos desafiados a refletir sobre como enfrentamos as batalhas cotidianas em nossas próprias vidas. A abordagem espartana era uma estratégia para a guerra e um guia para a vida diária, uma filosofia que buscava a vitória nos grandes feitos e nas pequenas conquistas que, acumuladas ao longo do tempo, forjavam o caminho para o sucesso duradouro. Neste exame da arte de vencer batalhas cotidianas, podemos considerar como nossa mentalidade, disciplina e resiliência podem ser direcionadas para triunfos diários que nos impulsionam em direção a nossos objetivos mais amplos.

Capítulo 5:

Forjando Vínculos no Trabalho em Equipe e Solidariedade

A Importância da Camaradagem

Neste quinto capítulo, somos imersos no cerne da filosofia espartana que destaca o trabalho em equipe e a solidariedade como fundamentais para o sucesso. Esse primeiro tópico, centrado na importância da camaradagem, revela como os espartanos compreendiam que a verdadeira grandeza não era alcançada de forma isolada, mas sim através da coesão de indivíduos unidos por laços inquebráveis.

Para os espartanos, a camaradagem era mais do que uma mera interação social; era um elo vital que fortalecia a essência da sociedade espartana. Essa conexão intrínseca entre os membros da comunidade promovia a harmonia e garantia que, diante dos desafios, os espartanos enfrentassem adversidades como um corpo unificado.

A camaradagem começava nas fileiras da Agoge, onde jovens espartanos compartilhavam as experiências de treinamento físico e os desafios emocionais e mentais. Esses laços formados nos campos de treinamento eram mantidos em uma irmandade que transcendia as fronteiras individuais, preparando os espartanos para uma vida de cooperação e suporte mútuo.

A reciprocidade era um princípio central na camaradagem espartana. Os espartanos compreendiam que, ao oferecerem apoio e assistência aos seus pares, estavam, na verdade, fortalecendo toda a comunidade. A ideia de que a vitória de um era a vitória de todos permeava as interações sociais, criando um ambiente de confiança e colaboração.

A camaradagem estendia-se para além dos campos de treinamento militar, influenciando todas as esferas da vida espartana. Nas atividades diárias, nos negócios, na política e nas relações familiares, a camaradagem era uma força motriz. Os espartanos valorizavam as conexões pessoais, reconhecendo que, ao compartilhar fardos e sucessos, a comunidade crescia mais forte.

A cooperação era uma extensão natural da camaradagem. Os espartanos compreendiam que a verdadeira grandeza não era alcançada através do individualismo, mas sim através da sinergia criada pelo trabalho em conjunto. A colaboração era uma necessidade inerente ao ethos espartano.

A camaradagem não significava apenas apoiar uns aos outros em tempos de paz, mas também era evidente nos campos de batalha. Os espartanos lutavam não apenas por si mesmos, mas também pelos irmãos de armas ao seu lado. A confiança mútua era uma âncora que mantinha a unidade dos espartanos em meio à tormenta da guerra, garantindo que lutassem não como indivíduos isolados, mas como uma força coesa.

A importância da camaradagem era refletida nas decisões coletivas tomadas pelos espartanos. A voz de cada membro da comunidade era valorizada, e as escolhas eram moldadas através de discussões e deliberações. A ideia de que a força de uma sociedade residia na união de suas partes fundamentava a governança espartana, criando um sistema que promovia a participação e a coesão.

O apoio emocional era um aspecto essencial da camaradagem espartana. Nos momentos de perda, desafio ou tristeza, os espartanos não enfrentavam suas emoções isoladamente. A comunidade era um ombro para apoiar, um eco para suas alegrias e um escudo contra as tormentas emocionais. A camaradagem era conexão física e um vínculo emocional que sustentava os espartanos nos altos e baixos da vida.

A lealdade mútua era uma pedra angular da camaradagem. Os espartanos compreendiam que a verdadeira força residia na confiança inabalável entre os membros da comunidade. A fidelidade não se restringia a uma virtude individual; era um pacto coletivo que garantia que, nos momentos de desafio, cada espartano podia confiar naqueles ao seu redor.

Ao explorarmos a importância da camaradagem, somos convidados a refletir sobre nossas próprias conexões com os outros. A camaradagem espartana era uma necessidade vital que impulsionava a sociedade para a grandeza. Neste exame da coesão e apoio mútuo devemos considerar como nossas interações diárias podem ser enriquecidas pela camaradagem, como podemos forjar laços que transcendem as fronteiras do individualismo e nos conectar a uma rede de apoio e colaboração.

Trabalhando em Equipe para Alcançar Metas Comuns

No âmago da filosofia espartana se destaca a importância de trabalhar em equipe para atingir metas comuns. Os espartanos compreendiam que a verdadeira grandeza não era uma conquista individual, mas uma jornada coletiva moldada pela colaboração e solidariedade. O trabalho em equipe não era somente uma estratégia, era um modo de vida espartano.

A cooperação começava com uma clara definição de metas comuns. Os espartanos compreendiam que, para alcançar o sucesso como equipe, todos os membros precisavam estar alinhados em relação aos objetivos. A clareza de visão garantia que cada esforço individual contribuísse para o avanço coletivo em direção às metas compartilhadas.

A formação de equipes era uma escolha deliberada baseada nas habilidades e complementaridade de cada membro. Os espartanos reconheciam que uma equipe era tão forte quanto seu elo mais fraco, e, portanto, a seleção cuidadosa garantia que cada integrante contribuísse de maneira única para o sucesso do grupo. A diversidade de habilidades era uma força que enriquecia a equipe.

A comunicação eficaz era fundamental no trabalho em equipe espartano. Antes de entrar em qualquer empreendimento, os espartanos asseguravam que cada membro entendesse suas responsabilidades individuais, e o papel de cada um na consecução das metas comuns. A comunicação transparente criava um ambiente de confiança e entendimento mútuo.

A confiança era um alicerce sobre o qual se erguia o trabalho em equipe espartano. Cada membro confiava no compromisso e competência dos outros, sabendo que, em um grupo coeso, cada um estava comprometido com o sucesso do todo. Essa confiança não era ingênua, mas sim uma conquista construída através de ações consistentes e colaboração eficaz.

O reconhecimento de que todos têm um papel vital no sucesso da equipe era um princípio central do trabalho em equipe espartano. Os espartanos compreendiam que, independentemente do papel desempenhado, cada membro contribuía de maneira significativa para o todo. O respeito por todas as funções garantia uma atmosfera de igualdade e valorização.

A liderança não era centralizada, mas uma distribuição de responsabilidades baseada nas habilidades individuais. Os espartanos adotavam um modelo de liderança adaptável, onde diferentes membros lideravam em diferentes situações, dependendo das necessidades específicas. Isso garantia que a liderança fosse flexível e centrada na eficácia.

O treinamento físico intenso na Agoge desempenhava um papel vital na formação das equipes espartanas. Os espartanos, acostumados a enfrentar desafios juntos desde jovens, desenvolviam uma compreensão profunda da importância da confiança e colaboração. A agoge era uma academia para guerreiros individuais, que juntos formavam equipes coesas prontas para superar qualquer obstáculo.

A resiliência era uma virtude fundamental no trabalho em equipe espartano. Os espartanos compreendiam que a jornada para alcançar metas comuns seria marcada por desafios e contratempos. A capacidade de resistir às adversidades, aprender com os fracassos e seguir em frente era uma qualidade que cada membro da equipe cultivava com diligência.

A celebração de sucessos era uma prática incentivada pelos espartanos. A conquista de metas comuns era um triunfo coletivo. A celebração fortalecia os laços entre os membros da equipe, e criava um ambiente positivo que motivava para desafios futuros.

A avaliação constante do desempenho da equipe era uma prática espartana. Os espartanos entendiam que a melhoria contínua era crucial para manter a eficácia da equipe ao longo do tempo. A análise honesta e construtiva garantia que a equipe aprendesse com experiências passadas e se adaptasse às mudanças nas circunstâncias.

O apoio mútuo era fundamental no trabalho em equipe espartano. Os espartanos compreendiam que, nos momentos de desafio, a força da equipe residia na solidariedade entre seus membros. A capacidade de apoiar uns aos outros, oferecer suporte emocional e compartilhar fardos fortalecia os laços da equipe.

Explorando o trabalho em equipe para alcançar metas comuns, nos desafiamos a refletir sobre nossas próprias interações coletivas. O trabalho em equipe espartano não era uma estratégia, mas sim um compromisso com a coletividade e a realização de objetivos comuns. Neste exame da colaboração eficaz e da solidariedade, somos convidados a considerar como nossas equipes podem ser fortalecidas, celebrando a diversidade, fomentando a confiança e cultivando uma mentalidade coletiva que nos impulsiona em direção ao sucesso compartilhado.

Capítulo 6

Adaptação à Adversidade

Lidando com Fracassos e Contratempos

No sexto capítulo, entramos no âmago da filosofia espartana que destaca a habilidade de se adaptar à adversidade como uma característica vital para o sucesso duradouro. O primeiro tópico, centrado em lidar com fracassos e contratempos, revela como os espartanos compreendiam que a verdadeira resiliência não reside apenas em evitar desafios, mas em como enfrentá-los e superá-los.

Para os espartanos, o fracasso não era visto como uma derrota final, mas sim como uma oportunidade de aprendizado e crescimento. Cada revés era uma chance de refletir, ajustar abordagens e fortalecer a determinação para futuros desafios. Os espartanos compreendiam que a resiliência se forjava na adversidade.

A aceitação do fracasso como uma parte inevitável da jornada era uma característica marcante da mentalidade espartana. Os espartanos não temiam o fracasso; em vez disso, abraçavam-no como um instrutor rigoroso, proporcionando lições valiosas que não poderiam ser aprendidas de outra forma. Essa abordagem permitia que transformassem derrotas temporárias em oportunidades de crescimento duradouro.

A atitude em relação ao fracasso era cultivada desde a juventude, durante o treinamento na Agoge. Os espartanos aprendiam que a superação de obstáculos era uma habilidade física e uma mentalidade. O fracasso nos campos de treinamento não era motivo de vergonha, mas sim uma etapa necessária no caminho para se tornar um guerreiro mais resiliente.

A resiliência espartana era alimentada pela capacidade de analisar os fracassos de maneira objetiva. Os espartanos não se entregavam à autocomiseração; em vez disso, examinavam cuidadosamente as causas do fracasso, identificavam áreas de melhoria e ajustavam suas abordagens. Essa análise crítica era essencial para garantir que os erros cometidos não se repetissem no futuro.

A mentalidade espartana em relação ao fracasso não era somente individual, mas principalmente coletiva. Os espartanos compreendiam que, em uma comunidade unida, os fracassos individuais poderiam ter ramificações para todos. Portanto, aprender com os erros de um membro era uma prática coletiva, garantindo que a comunidade como um todo se tornasse mais forte diante da adversidade.

A paciência desempenhava um papel crucial na abordagem espartana em relação ao fracasso. Os espartanos entendiam que o sucesso duradouro muitas vezes exigia tempo e esforço contínuo. A paciência não significava complacência; era uma virtude que os capacitava a perseverar diante de desafios prolongados, sabendo que a vitória final recompensaria a persistência.

O apoio mútuo emergia como uma força motriz ao lidar com fracassos. Os espartanos compreendiam que, nos momentos de dificuldade, a união da comunidade era um recurso inestimável. A capacidade de compartilhar experiências, oferecer conselhos e apoiar emocionalmente os companheiros fortalecia os indivíduos e a coesão da sociedade espartana.

A humildade era uma virtude cultivada entre os espartanos ao lidar com fracassos. Reconhecer as próprias limitações e estar disposto a aprender com os outros era uma qualidade valorizada. A humildade garantia que os espartanos permanecessem receptivos a novas ideias e abordagens, promovendo uma mentalidade de crescimento contínuo.

A persistência era uma característica distintiva da abordagem espartana ao fracasso. Os espartanos compreendiam que a estrada para o sucesso estava muitas vezes pavimentada com desafios e obstáculos. A capacidade de persistir, mesmo quando enfrentando resistência ou derrotas temporárias, era uma qualidade que os impulsionava em direção à vitória final.

A celebração de pequenas vitórias após um fracasso fortalecia a confiança individual e promovia uma mentalidade positiva dentro da comunidade espartana. Os espartanos entendiam que cada passo em direção à recuperação e melhoria merecia reconhecimento, criando um ambiente que motivava para desafios subsequentes.

O desenvolvimento de uma mentalidade antifrágil era uma busca constante dos espartanos. Em vez de buscar apenas resistência aos impactos, os espartanos aspiravam a se tornar mais fortes em face da adversidade. Cada fracasso, cada revés, era uma oportunidade de fortalecimento, moldando uma resiliência que resistia à pressão e se beneficiava dela.

Nessa exploração somos desafiados a considerar como encaramos os fracassos e contratempos em nossas próprias vidas. A abordagem espartana não era de evitar a adversidade, mas de abraçá-la como uma oportunidade de crescimento e fortalecimento. Neste exame da resiliência diante da derrota, somos compelidos a refletir sobre como nossas próprias experiências de fracasso podem ser transformadas em trampolins para o sucesso, cultivando uma mentalidade espartana que sobrevive à adversidade, e floresce nela.

Transformando Desafios em Oportunidades de Crescimento

Transformar desafios em oportunidades de crescimento era de vital importancia para a os espartanos. Este tópico nos guia pelo caminho intricado da mentalidade espartana, onde cada obstáculo é visto como uma chance de sobreviver e prosperar diante da adversidade.

Os espartanos compreendiam que, em meio à tempestade da vida, a capacidade de transformar desafios em oportunidades era um traço vital para o sucesso duradouro. Essa mentalidade permitia que enfrentassem as dificuldades com coragem, pois elas impulsionavam a encontrar significado e crescimento em cada revés.

A primeira etapa desse processo era a aceitação incondicional da realidade. Os espartanos não fugiam dos desafios, eles os encaravam de frente, reconhecendo a complexidade da situação. Essa aceitação não implicava resignação, mas sim um ponto de partida realista para a busca de soluções eficazes.

A resiliência espartana se manifestava na capacidade de reavaliar e adaptar estratégias diante dos desafios. Cada obstáculo era uma oportunidade para questionar suposições, experimentar abordagens alternativas e ajustar métodos. Os espartanos entendiam que a rigidez podia ser a maior inimiga da adaptação eficaz.

A proatividade era uma característica essencial no processo de transformar desafios em oportunidades. Os espartanos não esperavam passivamente que as soluções caíssem do céu; em vez disso, buscavam ativamente maneiras de superar obstáculos. Essa abordagem fortalecia a resolução individual e contribuía para a resiliência coletiva.

A criatividade se manifestava nos espartanos quando confrontados com desafios aparentemente insuperáveis. A capacidade de pensar fora da caixa, encontrar soluções inovadoras e explorar abordagens não convencionais era uma característica que distinguia os espartanos na busca por oportunidades de crescimento em meio à adversidade.

A aprendizagem contínua era um pilar do processo de transformação de desafios em oportunidades de crescimento. Os espartanos compreendiam que cada experiência, seja ela um sucesso ou um fracasso, continha lições valiosas. A disposição para refletir sobre as experiências, extrair conhecimento e aplicar aprendizados no futuro era uma prática constante.

A mentalidade espartana ao transformar desafios em oportunidades estendia-se além do individual para o coletivo. Os espartanos compreendiam que a resiliência da comunidade era tão importante quanto a de seus membros individuais. Ao enfrentar desafios como uma unidade coesa, a comunidade espartana fortalecia seus laços e emergia mais resiliente do que nunca.

A persistência desempenhava um papel crucial nesse processo. Os espartanos não desistiam diante de obstáculos aparentemente intransponíveis; em vez disso, viam cada desafio como uma chamada para persistir com determinação. A resistência à derrota temporária era uma força que impulsionava os espartanos em direção à vitória final.

A atitude positiva era uma característica marcante na transformação de desafios em oportunidades de crescimento. Os espartanos compreendiam que a perspectiva com a qual encaravam os desafios moldava sua capacidade de enfrentá-los e o impacto que poderiam ter em suas vidas. Uma mentalidade positiva não minimizava os desafios, mas fornecia a energia necessária para superá-los.

A busca por oportunidades de crescimento muitas vezes envolvia a exploração de habilidades e talentos anteriormente não utilizados. Os espartanos compreendiam que, diante de desafios, podiam descobrir reservas internas de força, habilidade e criatividade. Essa exploração constante de potencial fortalecia os indivíduos e a comunidade como um todo.

A resiliência emocional era uma parte essencial do processo de transformação de desafios em oportunidades de crescimento. Os espartanos compreendiam que, ao enfrentar dificuldades, as emoções eram ferramentas valiosas que podiam ser direcionadas para impulsionar a ação construtiva. O controle emocional não significava suprimir sentimentos, mas sim canalizá-los de maneira correta em busca do objetivo.

A celebração de cada progresso, por menor que fosse, era uma prática incentivada pelos espartanos. Reconheciam que, ao reconhecer as conquistas ao longo do caminho, estavam reforçando a mentalidade de crescimento e motivando-se para enfrentar desafios futuros. A celebração era uma ferramenta para fortalecer a determinação.

A transformação de desafios em oportunidades de crescimento era, para os espartanos uma forma de vida. Cada obstáculo era visto como uma chance de sobreviver e de emergir mais forte, mais sábio e mais resiliente. A partir do que aprendemos aqui devemos considerar como encaramos os desafios em nossas próprias vidas. A mentalidade espartana nos convida a enfrentar dificuldades e abraçá-las como oportunidades de crescimento, transformando cada obstáculo em um trampolim para o sucesso duradouro.

Capítulo 7

A Ética Espartana

Valores Morais e Éticos

Adentrando o sétimo capítulo, somos imersos na essência da Ética Espartana, onde os valores morais e éticos moldavam a conduta individual e os alicerces da sociedade espartana. Este primeiro tópico deste capítulo nos conduz pelas intricadas nuances da moralidade espartana, onde as virtudes transcendiam o indivíduo, tecendo a trama ética que sustentava a comunidade.

Os espartanos eram intrinsecamente guiados por um conjunto distintivo de valores morais que permeavam todas as esferas de suas vidas. A honra, um dos pilares fundamentais da ética espartana, era cultivada desde a infância. Os espartanos entendiam que a verdadeira grandeza não estava apenas em vitórias militares, mas também na integridade moral que permeava suas ações cotidianas.

A lealdade era uma virtude sagrada para os espartanos. A fidelidade à pátria, aos companheiros e à comunidade era inabalável. A lealdade era uma escolha consciente de comprometer-se com o bem comum. A ética espartana baseava-se na compreensão de que a verdadeira força de uma sociedade residia na confiança mútua de seus membros.

A justiça era um princípio central na ética espartana. Os espartanos compreendiam que uma sociedade moralmente sólida era construída sobre os alicerces da justiça. As leis espartanas regulavam o comportamento individual e visavam garantir uma distribuição equitativa de oportunidades e recursos entre os espartanos, promovendo a harmonia e a estabilidade.

A coragem moral era um atributo distintivo na ética espartana. Ia além da bravura no campo de batalha, os espartanos valorizavam a coragem de tomar decisões éticas, mesmo quando enfrentando pressões contrárias. A coragem moral demandava enfrentar inimigos externos e também desafios internos, resistindo às tentações e mantendo-se fiel aos princípios.

A moderação era um princípio que permeava a ética espartana, equilibrando as aspirações individuais com o bem coletivo. Os espartanos compreendiam que o excesso em qualquer área da vida podia minar a estabilidade ética. A moderação era um antídoto contra os extremos, promovendo uma vida equilibrada e moralmente fundamentada.

A integridade pessoal era inegociável para os espartanos. A palavra dada tinha um peso inestimável, e a quebra de juramentos era vista como uma afronta à moralidade e à honra. A ética espartana destacava a importância de cumprir promessas e de agir com sinceridade em todas as interações, promovendo a confiança mútua.

A compaixão não era vista como uma fraqueza, mas sim como uma força na ética espartana. Os espartanos compreendiam que a verdadeira grandeza não estava apenas em vencer batalhas, mas também em estender a mão aos necessitados. A compaixão era um pilar da ética que fortalecia os laços comunitários.

A responsabilidade pessoal era um princípio inalienável na ética espartana. Os espartanos compreendiam que cada ação individual reverberava na comunidade como um todo. A ética espartana baseava-se na ideia de que a verdadeira força de uma sociedade residia na responsabilidade coletiva, onde cada membro assumia a responsabilidade por suas escolhas e contribuía para o bem comum.

A empatia, embora muitas vezes eclipsada pela dureza espartana, era uma qualidade valorizada na ética. Os espartanos compreendiam que compreender as experiências e emoções dos outros não enfraquecia, mas fortalecia a coesão social. A empatia era uma ponte que conectava os espartanos uns aos outros, promovendo uma compreensão mais profunda e uma comunidade mais unida.

A ética espartana delineava princípios morais e estabelecia um código de conduta rigoroso. O comportamento ético era uma prática diária que permeava todas as interações. Os espartanos compreendiam que a verdadeira grandeza estava na habilidade de vencer e na capacidade de fazer isso mantendo a integridade moral.

A educação desempenhava um papel primordial na transmissão da ética espartana de geração para geração. Desde a Agoge, os jovens espartanos eram imersos no treinamento físico e na formação ética. Histórias de heroísmo, parábolas morais e discussões sobre dilemas éticos eram componentes essenciais do currículo, moldando guerreiros fortes e cidadãos éticos.

A ética espartana não era estática, mas adaptável às mudanças nas circunstâncias e na sociedade. Os espartanos compreendiam que os valores morais não podiam ser preservados isoladamente, eles deveriam evoluir para enfrentar os desafios contemporâneos. Essa adaptabilidade garantia que a ética espartana permanecesse relevante e eficaz ao longo do tempo.

Ao explorarmos este tópico mergulhamos na riqueza dos valores morais e éticos que formavam a espinha dorsal da sociedade espartana. A ética espartana era uma maneira de viver, uma bússola moral que orientava os espartanos em suas interações diárias e fundamentava a grandeza duradoura de sua civilização. Neste exame profundo da ética espartana, somos desafiados a refletir sobre nossos próprios valores morais e éticos, considerando como podemos incorporar esses princípios atemporais em nossas vidas contemporâneas.

O Respeito pelos Outros e por Si Mesmo

Dentro da intrincada Ética Espartana, seremos conduzidos a uma exploração profunda sobre o respeito, uma virtude que transcendia o âmbito individual, estendendo-se para a comunidade. O respeito pelos outros e por si mesmo era essencial na ética espartana, moldando as relações interpessoais e a própria essência da sociedade espartana.

O respeito pelos outros era uma qualidade inalienável para os espartanos. Em uma sociedade onde a coesão era vital, o tratamento respeitoso de cada membro era uma obrigação sagrada. O respeito não era meramente uma formalidade, mas sim uma expressão genuína de reconhecimento e valorização pela contribuição única de cada indivíduo para o todo.

A educação espartana desempenhava um papel crucial na formação do respeito pelos outros desde a juventude. Os espartanos eram ensinados a compreender a diversidade de habilidades, perspectivas e funções dentro da comunidade. Essa compreensão profunda cultivava um respeito intrínseco pela singularidade de cada membro, fortalecendo os laços da sociedade.

O respeito pelos outros era evidente nas palavras e nas ações dos espartanos. O auxílio mútuo, a cooperação e a prontidão para apoiar os companheiros em tempos de necessidade eram práticas comuns. O respeito existia na ausência de conflitos e na disposição de resolver desentendimentos de maneira justa e construtiva.

A igualdade era um princípio essencial dentro do respeito pelos outros. Os espartanos compreendiam que a verdadeira grandeza de uma sociedade residia na valorização de todos os seus membros, independentemente de sua origem, posição social ou habilidades individuais. A promoção da igualdade nutria o respeito e fortalecia os fundamentos éticos da sociedade.

A empatia era uma característica distintiva no respeito pelos outros. Os espartanos compreendiam que compreender as experiências, desafios e alegrias dos outros não enfraquecia, mas fortalecia os laços sociais. A empatia era uma ponte que conectava os espartanos uns aos outros, promovendo uma compreensão mais profunda e uma comunidade mais coesa.

O respeito pelos outros também se manifestava no reconhecimento e valorização do trabalho de cada indivíduo. Seja na agricultura, comércio ou nas atividades militares, os espartanos compreendiam que cada função desempenhava um papel crucial no equilíbrio e na prosperidade da sociedade. O respeito era expresso através de palavras e do reconhecimento tangível do valor de cada contribuição.

A ética espartana ressaltava a importância do respeito em tempos de prosperidade e também durante períodos de dificuldade. Nos momentos de crise, o respeito mútuo e a solidariedade se tornavam ainda mais essenciais. Os espartanos compreendiam que a verdadeira força da sociedade emergia quando seus membros se apoiavam mutuamente nos momentos mais desafiadores.

O respeito pelos outros estava intrinsecamente ligado à noção de responsabilidade coletiva. Os espartanos compreendiam que, em uma sociedade onde cada ação individual reverberava no todo, a responsabilidade por promover um ambiente respeitoso era uma carga compartilhada. O respeito enobrecia o indivíduo e fortalecia os fundamentos éticos da comunidade.

Paralelamente ao respeito pelos outros, os espartanos cultivavam um profundo respeito por si mesmos. A autoestima não era vista como arrogância, mas como um reconhecimento honesto das próprias virtudes e limitações. Os espartanos compreendiam que o respeito por si mesmo era a base sobre a qual construíam a capacidade de respeitar e valorizar os outros.

A autoconfiança era um elemento vital no respeito por si mesmo. Os espartanos eram ensinados a confiar em suas habilidades e a acreditar em sua capacidade de contribuir para a sociedade. Essa autoconfiança não era baseada na presunção, mas sim no reconhecimento consciente do treinamento, do esforço e das conquistas pessoais.

A autodisciplina era uma virtude essencial no respeito por si mesmo. Os espartanos compreendiam que o desenvolvimento pessoal exigia a capacidade de resistir às tentações, manter-se fiel aos princípios e buscar constantemente a autossuperação. A autodisciplina não era uma restrição, mas sim uma ferramenta para alcançar a verdadeira liberdade e grandeza.

O respeito por si mesmo também estava vinculado ao cuidado com o corpo e a mente. Os espartanos reconheciam a importância do equilíbrio entre o treinamento físico, a alimentação saudável e o descanso adequado. Cuidar de si mesmo não era visto como indulgência egoísta, mas como um meio de garantir que estivessem fisicamente e mentalmente aptos para contribuir para a sociedade.

A busca pela excelência pessoal estava enraizada no respeito por si mesmo. Os espartanos compreendiam que, ao buscar a excelência em todas as áreas de suas vidas, estavam honrando a si mesmos e contribuindo para a grandeza coletiva da sociedade. A excelência pessoal não era uma busca solitária, mas uma contribuição ativa para a elevação de toda a comunidade.

A ética espartana enfatizava o respeito pelos outros e por si mesmo, mas também promovia a interseção harmoniosa desses dois aspectos. Os espartanos compreendiam que a verdadeira grandeza da sociedade residia na capacidade de seus membros de equilibrar o respeito pelos outros com o respeito por si mesmos, criando uma comunidade onde cada indivíduo se elevava, fortalecendo, assim, o todo.

A ética espartana nos convida a reconhecer o valor único de cada indivíduo, cultivar empatia, contribuir para o bem comum e, ao mesmo tempo, nutrir um profundo respeito por nós mesmos. Neste exame da complexidade do respeito na ética espartana, somos inspirados a incorporar esses princípios intemporais em nossas próprias interações, contribuindo assim para a construção de comunidades mais solidárias e éticas.

Capítulo 8

Aplicando o Espartanismo na Vida Moderna

Adaptando os Princípios Espartanos à Vida Contemporânea

Adentrando o oitavo capítulo, somos confrontados com o desafio inspirador de traduzir os princípios espartanos, enraizados em uma época e cultura distantes, para a complexidade e dinâmica da vida contemporânea. Este primeiro tópico nos conduz por um caminho de reflexão, onde consideramos como os valores e ensinamentos espartanos podem ser reinterpretados e aplicados em um mundo moderno em constante evolução.

O cerne dessa adaptação reside na essência intemporal dos valores espartanos. A coragem, a disciplina, a lealdade e outros princípios fundamentais não são limitados por fronteiras temporais; eles transcendem as eras e permanecem relevantes. A tarefa, portanto, é destilar esses valores para incorporá-los em nossas vidas contemporâneas, reconhecendo que o contexto mudou, mas a busca pela excelência persiste.

A coragem espartana, outrora testada nos campos de batalha, encontra seu equivalente moderno na disposição de enfrentar desafios pessoais e sociais. A coragem hoje é mais sutil, exigindo resistência em meio à incerteza, adaptação a ambientes dinâmicos e a coragem de questionar normas injustas. Assim, a coragem espartana ressurge em cada ato de enfrentar o desconhecido com determinação e bravura.

A disciplina, que moldou a vida diária dos espartanos na Agoge, encontra sua aplicação contemporânea na organização pessoal e na gestão do tempo. Enfrentamos uma enxurrada constante de informações e distrações, e a disciplina moderna exige a capacidade de priorizar, focar nas metas e resistir à tentação da procrastinação. A autodisciplina é a chave para enfrentar os desafios da vida moderna.

A lealdade espartana, uma força coesiva na antiga sociedade, ressurge na era moderna como comprometimento com relações interpessoais e valores compartilhados. A lealdade não se limita mais a fronteiras geográficas; ela se estende a comunidades virtuais, equipes de trabalho e movimentos sociais. A fidelidade a um propósito maior continua sendo o cerne da coesão social.

A busca pela excelência física, um pilar espartano, encontra eco na atual obsessão por saúde e bem-estar. No entanto, a adaptação contemporânea não exige apenas a busca do corpo ideal, mas também promove a saúde mental, equilibrando o condicionamento físico com práticas que fortalecem a resiliência emocional e a paz interior.

A igualdade espartana, fundamentada na compreensão da importância de todos os membros da sociedade, traduz-se na luta contínua por justiça social. A igualdade hoje vai além de simplesmente reconhecer a diversidade; exige ações para corrigir desigualdades sistêmicas, promovendo a equidade em oportunidades educacionais, no mercado de trabalho e em todas as esferas da vida.

A empatia espartana, muitas vezes subestimada, ressurge como uma ferramenta essencial na construção de relações saudáveis em uma sociedade moderna cada vez mais conectada. A empatia é o alicerce para a compreensão mútua, promovendo um diálogo construtivo e a resolução pacífica de conflitos.

A responsabilidade pessoal, central na ética espartana, encontra aplicação nas ações individuais que moldam coletivamente o futuro do planeta. A responsabilidade ambiental, ética profissional e cidadania ativa são todas facetas modernas da mesma ideia espartana de que cada indivíduo desempenha um papel na construção do mundo que habita.

A camaradagem espartana, forjada nos campos de treinamento e nos campos de batalha, encontra seu reflexo nas conexões interpessoais da vida contemporânea. A solidariedade não se limita à guerra, mas se manifesta em momentos de crise, na construção de comunidades fortes e na celebração dos triunfos coletivos.

A aplicação moderna dos princípios espartanos não significa uma cópia literal, mas sim uma adaptação inteligente. Reinterpretamos os valores à luz de nosso contexto, considerando a diversidade, a complexidade e a velocidade da vida moderna. Os princípios espartanos, quando aplicados na vida contemporânea, não são um retorno ao passado, mas uma evolução consciente, uma síntese harmoniosa entre a sabedoria antiga e as demandas do presente.

Ao refletir sobre esse pontos vemos que podemos incorporar os valores espartanos em nossa vida cotidiana, reconhecendo as peculiaridades de nossa era. A aplicação do Espartanismo na vida moderna não é uma questão de preservar tradições antigas, mas sim, extrair lições atemporais para nos guiar em meio à complexidade e aos desafios do século XXI.

Exemplos Práticos de Como Ser Espartano nos Dias de Hoje

Neste segundo tópico do oitavo capítulo, mergulhamos nas nuances do Espartanismo aplicado à vida moderna, explorando exemplos práticos que transcendem a teoria e se tornam diretrizes tangíveis para enfrentar os desafios contemporâneos com a resiliência e a determinação dos espartanos.

Condicionamento Físico e Saúde Mental: Assim como os espartanos priorizavam o treinamento físico, podemos incorporar uma rotina de exercícios físicos adaptada à vida moderna. Além disso, a atenção à saúde mental, por meio da prática de meditação e mindfulness, é crucial para manter a resiliência e a estabilidade emocional.

Disciplina na Organização Pessoal: A disciplina espartana, fundamental na Agoge, encontra paralelo na organização pessoal na vida contemporânea. A utilização de métodos de gestão de tempo, definição de metas claras e a adesão a uma rotina consistente refletem a disciplina espartana adaptada à nossa realidade.

Lealdade às Relações e Comunidades: A lealdade espartana se traduz em comprometimento com relações interpessoais e comunidades. Isso inclui não apenas a fidelidade a amigos e familiares, mas também o envolvimento ativo em comunidades locais e o suporte a organizações que compartilham valores fundamentais.

Busca pela Excelência em Todas as Esferas: A busca pela excelência, destacada pelos espartanos, pode ser aplicada em diversos aspectos modernos, desde o aprimoramento profissional até a dedicação à aprendizagem contínua. A mentalidade de sempre buscar o melhor de si em todas as áreas da vida é uma manifestação prática do espírito espartano.

Responsabilidade Ambiental e Cidadania Ativa: A responsabilidade pessoal, tão prezada pelos espartanos, se estende à responsabilidade ambiental na vida moderna. Práticas sustentáveis, consumo consciente e participação ativa na comunidade refletem a aplicação prática desse princípio espartano em um contexto contemporâneo.

Solidariedade em Tempos de Crise: A camaradagem espartana encontra expressão na solidariedade em tempos de crise. Participar ativamente em esforços de ajuda humanitária, oferecer apoio às comunidades afetadas por desastres naturais e ser voluntário em organizações filantrópicas são maneiras concretas de praticar esse valor espartano na vida moderna.

Empatia e Compreensão Mútua: A empatia, muitas vezes subestimada, é um elemento vital na aplicação do Espartanismo na vida cotidiana. O esforço consciente para compreender as experiências e perspectivas dos outros promove a coesão social e contribui para um ambiente mais harmonioso.

Autodisciplina e Resistência à Procrastinação: A autodisciplina, central na ética espartana, é fundamental para resistir à procrastinação na era da constante distração. Definir metas claras, estabelecer prioridades e manter o foco são práticas modernas que refletem a autodisciplina espartana.

Igualdade e Justiça Social: A valorização da igualdade espartana se manifesta na busca por justiça social na vida moderna. Engajar-se em movimentos que promovem igualdade de oportunidades, combater o preconceito e apoiar causas que visam a equidade são exemplos práticos dessa aplicação.

Celebração dos Triunfos Coletivos: A camaradagem espartana é fortalecida pela celebração dos triunfos coletivos. Reconhecer e celebrar conquistas individuais e coletivas, seja no âmbito profissional, familiar ou comunitário, fortalece os laços sociais e reforça o espírito espartano de união.

Esses exemplos práticos ilustram como os princípios espartanos podem ser integrados à vida moderna. Não se trata simplesmente de adotar um conjunto de valores antigos, mas de reinterpretá-los e aplicá-los de maneira significativa, reconhecendo as particularidades do mundo contemporâneo. Ao buscar inspiração nos espartanos, somos desafiados a refletir sobre esses valores e encarná-los em nossas ações diárias, contribuindo assim para um mundo mais resiliente, ético e solidário.

Capítulo 9

Exemplos Históricos e Modernos de Espartanos

No nono capítulo, mergulhamos em narrativas que transcendem o tempo, destacando figuras históricas e contemporâneas que, de diversas maneiras, personificam os valores espartanos. Essas histórias inspiradoras revelam como os princípios espartanos continuam a ecoar através dos séculos, moldando não apenas o passado, mas também o presente e o futuro.

Leonidas I: A Coragem Indomável: A história de Leonidas I, o rei espartano que liderou os 300 na Batalha de Termópilas, é um testemunho icônico da coragem espartana. Sua determinação em enfrentar uma força esmagadora em defesa de sua terra natal personifica a bravura que transcende o tempo, inspirando gerações a enfrentar desafios com coragem indomável.

Joan of Arc: A Lealdade à Causa: Joan of Arc, a heroína francesa do século XV, personifica a lealdade espartana em sua defesa apaixonada de sua pátria. Sua convicção inabalável e sacrifício pessoal em prol de sua missão são testemunhos vivos da lealdade que os espartanos valorizavam, transcendo fronteiras culturais e temporais.

Winston Churchill: A Disciplina Perante a Adversidade: Winston Churchill, líder britânico durante a Segunda Guerra Mundial, personifica a disciplina espartana. Sua capacidade de manter a calma e liderar com firmeza em tempos de adversidade reflete a disciplina espartana que é essencial para enfrentar desafios complexos e duradouros.

Rosa Parks: A Resistência Pacífica: Rosa Parks, ícone do movimento dos direitos civis nos Estados Unidos, personifica a resistência pacífica e a busca pela igualdade. Sua corajosa recusa em ceder seu assento no ônibus desencadeou uma revolução silenciosa, demonstrando como a resistência espartana pode se manifestar mesmo nos atos mais simples e corriqueiros.

Nelson Mandela: A Busca pela Justiça: Nelson Mandela, líder anti-apartheid e ex-presidente sul-africano, personifica a busca pela justiça social. Sua luta incansável contra a discriminação e sua busca pela reconciliação após décadas de prisão refletem a aplicação prática dos valores espartanos na luta pela igualdade e justiça.

Malala Yousafzai: A Busca Pela Educação: Malala Yousafzai, defensora paquistanesa da educação feminina, personifica a busca pela excelência e igualdade na sociedade moderna. Sua resiliência diante da adversidade e dedicação à causa da educação refletem a busca espartana pela excelência em todas as esferas da vida.

Elon Musk: A Busca pela Excelência Empresarial: Elon Musk, empresário e visionário, personifica a busca pela excelência na inovação e nos negócios. Sua abordagem ambiciosa e determinação em enfrentar desafios tecnológicos refletem a mentalidade espartana de buscar a excelência e a autossuperação.

Greta Thunberg: A Responsabilidade Ambiental: Greta Thunberg, ativista ambiental sueca, personifica a responsabilidade pessoal em relação ao meio ambiente. Sua dedicação em levantar a voz pela sustentabilidade e mobilizar ações globais destaca a importância de aplicar valores espartanos na responsabilidade ambiental.

Dwayne "The Rock" Johnson: A Disciplina e Determinação Física: Dwayne Johnson, conhecido como "The Rock", personifica a disciplina física e determinação. Sua jornada de transformação física, combinada com uma ética de trabalho incansável, reflete a importância da disciplina e do condicionamento físico na vida contemporânea.

Emma Watson: A Defensora da Igualdade de Gênero: Emma Watson, atriz e defensora da igualdade de gênero, personifica a luta pela igualdade na sociedade moderna. Sua dedicação em promover a igualdade de oportunidades e combater estereótipos de gênero destaca a aplicação prática dos valores espartanos na busca por justiça social.

Essas histórias inspiradoras ilustram como os valores espartanos, longe de serem relíquias mofadas de um passado longínquo, continuam a inspirar e guiar figuras notáveis em diferentes esferas da vida. Elas demonstram que os princípios espartanos são atemporais e têm o poder de influenciar positivamente as ações e escolhas de indivíduos em qualquer época. Ao contemplarmos esses exemplos, somos desafiados a incorporar esses valores em nossas próprias vidas, contribuindo assim para um mundo mais ético, resiliente e solidário.

Capítulo 10

Conclusão

Recapitulação dos Princípios Espartanos

Ao atingirmos o ápice de nossa jornada pelo mundo dos espartanos, é imperativo refletirmos sobre os princípios que moldaram nossa busca por força, disciplina e excelência. A recapitulação dos valores espartanos nos permite extrair lições significativas, aplicáveis em contextos históricos, mas também em nossas vidas modernas, onde desafios multifacetados demandam uma abordagem resiliente e ética.

Coragem Inabalável: A coragem espartana, evidenciada na Batalha de Termópilas, transcende o campo de batalha antigo. Nossas vidas modernas demandam coragem para enfrentar desafios, questionar normas injustas e persistir diante da incerteza. A coragem, como fundamento, nos impulsiona a superar obstáculos com determinação.

Disciplina Infalível: A disciplina que permeou a Agoge espartana continua a ser um farol orientador. Na era da distração constante, dos smartphones e da futilidade constante das redes sociais, a disciplina na organização pessoal, gestão do tempo e foco nas metas são elementos vitais para alcançar o sucesso sustentável. A disciplina é a chave que transforma aspirações em realizações tangíveis.

Lealdade Inquestionável: A lealdade, central nas relações espartanas, reflete-se na importância das conexões interpessoais em nossas vidas contemporâneas. Seja na família, amizades ou comunidades, a lealdade constrói alicerces sólidos para relacionamentos significativos e colaborações duradouras.

Busca Pela Excelência: A busca pela excelência, intrínseca aos espartanos, não se limita a campos de treinamento ou competições atléticas. Na vida moderna, a excelência é a bússola que nos orienta na busca contínua por aprimoramento pessoal, profissional e ético. É a chama que nos inspira a elevar nossos padrões.

Responsabilidade Pessoal: A responsabilidade pessoal, arraigada na ética espartana, transcende a individualidade. Na sociedade contemporânea, cada ação individual reverbera no coletivo. Assumir responsabilidade por nossas escolhas, impacto ambiental e contribuição para o bem comum é um legado espartano a ser honrado.

Camaradagem e Solidariedade: A camaradagem espartana, forjada nos campos de treinamento, ressoa na importância da solidariedade. Na era da conexão global, a solidariedade é o elo que fortalece as comunidades, permitindo-nos enfrentar desafios coletivos com resiliência e apoio mútuo.

Ao recapitular esses princípios, compreendemos que os espartanos não eram apenas guerreiros, mas filósofos da vida. Eles nos legaram um conjunto de valores que transcendem as fronteiras do tempo e do espaço, desafiando-nos a buscar a grandeza não apenas em momentos extraordinários, mas em nossas escolhas cotidianas.

Em nossas próprias jornadas, somos chamados a incorporar esses princípios de coragem, disciplina, lealdade, busca pela excelência, responsabilidade pessoal e solidariedade. Ao fazê-lo, honramos o legado espartano e contribuímos para a construção de um mundo mais resiliente, ético e unido.

Neste ponto de inflexão, a conclusão não marca o fim, mas sim o início de uma jornada inspirada pelos espartanos. A busca pela autenticidade, força interior e excelência contínua é um compromisso que transcende as páginas deste livro, ecoando em cada escolha que fazemos em nossas vidas diárias. Que os valores espartanos continuem a guiar nossas jornadas, capacitando-nos a enfrentar os desafios modernos com a mesma resiliência e ética que definiram aqueles que vieram antes de nós.

Incentivo à Aplicação Prática na Vida Cotidiana

Ao fim da jornada pelo espartanismo emerge a necessidade de não apenas entender os princípios espartanos, mas, mais crucialmente, de aplicá-los de maneira prática em nossas vidas cotidianas. A teoria se torna viva e significativa quando transformada em ações tangíveis, moldando nossa conduta, decisões e interações diárias.

Coragem em Face da Rotina: Encorajamos a incorporar a coragem espartana em nossa rotina diária. Isso significa enfrentar desafios excepcionais, e ter a coragem de enfrentar situações desconfortáveis, desafiando-nos a crescer e evoluir constantemente.

Disciplina na Estrutura Diária: A disciplina espartana é melhor aplicada quando se torna o centro de nossa estrutura diária. Organização pessoal, estabelecimento de metas realistas e a adesão a uma rotina consistente tornam-se fundamentais para traduzir a disciplina espartana em hábitos duradouros.

Lealdade nas Relações Pessoais: A lealdade, um pilar espartano, encontra expressão nas relações pessoais. Incentivamos a cultivar conexões genuínas, demonstrando lealdade em amizades, parcerias e compromissos familiares, nutrindo relacionamentos que são sustentáveis e fortalecedores.

Busca Pela Excelência em Todas as Atividades: A busca pela excelência não é uma meta distante, mas sim uma mentalidade que permeia todas as atividades diárias. Buscamos aprimoramento constante em nossas responsabilidades profissionais, compromissos pessoais e até mesmo nas pequenas tarefas que muitas vezes passam despercebidas.

Responsabilidade Pessoal nas Escolhas: A responsabilidade pessoal ganha vida na tomada de decisões cotidianas. Cada escolha, por menor que seja, tem um impacto. Incentivamos a consciência das implicações de nossas ações e a disposição para assumir a responsabilidade por elas.

Camaradagem e Solidariedade em Ações: A camaradagem e a solidariedade não são apenas ideais, mas sim atitudes que podemos adotar. Incentivamos a sermos ativos em comunidades, oferecer suporte quando necessário e contribuir para um ambiente que promova o bem-estar coletivo.

Ao encorajar a aplicação prática desses princípios, não pretendemos sugerir uma abordagem austera ou inflexível, mas sim uma incorporação inteligente e adaptável desses valores. O

Espartanismo na vida cotidiana é uma jornada pessoal, moldada pela compreensão única de cada indivíduo sobre esses princípios e como eles se alinham aos seus objetivos e circunstâncias.

Entendemos que aplicar esses princípios pode ser desafiador, exigindo esforço consciente e autenticidade. No entanto, é nesse desafio diário que encontramos a verdadeira essência do Espartanismo na vida moderna. Ao trazer esses valores para a realidade cotidiana, transformamos nossas próprias vidas e o ambiente ao nosso redor, contribuindo para a construção de comunidades mais fortes, éticas e resilientes.

Assim, concluímos com um apelo à ação. Que cada leitor se torne um verdadeiro espartano em sua vida cotidiana, aplicando os ensinamentos deste livro não como teoria, mas como uma filosofia de vida que inspira coragem, disciplina, lealdade, busca pela excelência, responsabilidade pessoal, camaradagem e solidariedade em cada jornada. Que os princípios espartanos continuem a moldar e aprimorar nossas vidas, proporcionando uma base sólida para enfrentar os desafios do presente e do futuro com resiliência e dignidade.

Reflexão Final

Ao fechar as páginas de "Seja Espartano", somos convidados a contemplar uma jornada pelos fundamentos atemporais do espartanismo. Esta obra é uma chamada à ação, um lembrete de que os princípios espartanos não são relíquias do passado, mas luzes orientadoras para o presente e o futuro.

O espartanismo transcende o campo de batalha e os registros históricos, é uma filosofia de vida que desafia a mediocridade e celebra a excelência. Ao abraçar a coragem, disciplina, lealdade, busca pela excelência, responsabilidade pessoal, camaradagem e solidariedade, abrimos as portas para uma vida de propósito e significado.

Nossa reflexão não pode ser uma mera contemplação; ela precisa ser um chamado à ação. Cada princípio espartano é uma ferramenta valiosa em tempos de incerteza. Ao incorporarmos esses valores em nossa rotina diária, transformamos não vidas e o mundo ao nosso redor.

O espartanismo não é sobre a busca incessante da perfeição, mas sim sobre a jornada constante em direção à excelência. É sobre aprender com os fracassos, crescer com os desafios e celebrar as vitórias, grandes e pequenas. É uma mentalidade que nos lembra de que cada escolha conta, que a coragem se manifesta nas ações diárias e que a verdadeira força reside na resiliência.

Ao trazer os ensinamentos de "Seja Espartano" para nossas vidas, nos tornamos guardiões de uma tradição antiga e arquitetos de um futuro mais ousado e autêntico. O espartanismo é mais que uma filosofia de vida, é um convite para transcender os limites autoimpostos, para abraçar a responsabilidade pessoal e para cultivar relações e comunidades mais fortes.

Portanto, ao encerrar esta leitura, lembremo-nos de que a verdadeira grandiosidade não está apenas na conquista de feitos extraordinários, mas na aplicação diária dos princípios espartanos em cada escolha que fazemos. Que cada passo seja uma afirmação de coragem, cada decisão uma expressão de disciplina, e cada interação uma celebração da camaradagem e solidariedade.

Assim, equipados com os valores espartanos, avançamos para o desconhecido, conscientes de que cada desafio é uma oportunidade de crescimento e que, ao adotarmos a mentalidade espartana, não só nos tornamos mais fortes individualmente, mas contribuímos para forjar um mundo mais resiliente e ético.

Que o espírito espartano continue a nos inspirar em todas as facetas de nossas vidas, guiando-nos rumo a um futuro onde a busca pela excelência é uma jornada coletiva e infindável.

www.ingramcontent.com/pod-product-compliance
Lightning Source LLC
Chambersburg PA
CBHW062354290526
45794CB00005B/2221